LA

DYNASTIE DES BONAPARTES

ET

Son A. I. Le Prince

JÉROME NAPOLÉON

BORDEAUX
Imp. Saint-Joseph, P.-M. SORIANO,
40, RUE DES MENUTS, 40

—

1879

LA
DYNASTIE DES BONAPARTES

ET

 S. A. I. Le Prince

JÉROME NAPOLÉON

BORDEAUX

Imp. Saint-Joseph, P.-M. SORIANO,

40, RUE DES MENUTS, 40

—

1879

BORDEAUX. — IMP. ST-JOSEPH, P.-M. SORIANO. 40, RUE DES MENUTS

Lorsque, — se retournant et regardant par derrière soi, on envisage d'un coup-d'œil d'ensemble la multiplicité des événements qui se sont succédé depuis la néfaste et criminelle journée du 4 Septembre, — ce qui frappe le plus l'attention de ceux qui savent observer la politique actuelle, c'est que toute cette politique a dépensé follement et sottement ses années et ses hommes à vouloir tuer l'*Idée Napoléonienne,* et à déclarer quotidiennement que « l'Empire était mort. »

Eh bien ! — nous tous qui avons lutté et qui luttons encore ; nous qui lutterons toujours pour le triomphe de cette Idée jusqu'au jour de son triomphe, — nous avons bien le droit de dire que cette persécution de neuf années n'a rien tué du tout, si ce n'est les nullités qui prétendaient piétiner à leur aise sur les plus glorieuses traditions Impériales ; — nous sommes bien en droit d'affirmer que L'Empire n'a jamais été plus vivant.

Chose étrange ! — Plus la fatalité semble

frapper la Dynastie populaire des Bonapartes, plus cette Dynastie semble grandir au milieu des ruines que le 4 Septembre et la Commune ont accumulées, comme á plaisir, sur notre France malheureuse. En moins de sept années, deux fois les doigts osseux de la mort ont saisi á la gorge les plus chéres espérances du parti bonapartiste, et, deux fois, les cyniques et joyeuses acclamations de nos adversaires ont á peine duré vingt-quatre heures.

On dirait que, sous les étreintes vengeresses d'une fatalité qui les domine et qui les dirige, ces fossoyeurs intéressés de l'Idée Napoléonienne se suicident eux-mêmes, — tout en voulant enterrer l'Empire.

Aprés que Napoléon III fût mort á « Camden », entre les mains d'un chirurgien anglais trop oublieux des régles les plus élémentaires de son art, — il y eut, subitement, comme un immense affaissement intellectuel et moral. La politique agaçante, vaniteuse et fatale de Thiers, ce bourgeois voltairien qui n'a jamais été que la caricature d'un homme d'État, — venait de conduire á la Chambre des députés cette trivialité pédagogique qui s'appellé Barodet. Insolemment, brutalement, — á la façon républicaine, cet obscur et inutile magister de village, tout habillé de neuf dans les vieilles loques du radicalisme social et communard, s'était planté devant le minuscule personnage qui a doté la

France d'une demi-douzaine de Révolutions, — et lui avait ri au nez. L'ex-Foutriquet de 1830, absolument effaré, n'ayant plus, ce jour-là, un général de Galiffet pour le faire coucher en travers de sa porte, ouvrit á deux battants celle de la Présidence á cet échantillon des «nouvelles couches» portant l'étampe de la fabrique Lyonnaise. On lui mit proprement son couvert á l'Élysée, entre celui de Madame Thiers et de Mademoiselle Dosne, et ces deux grandes dames... de l'*Histoire du Consulat* graissèrent leurs meilleures confitures sur les tartines destinées au vainqueur irrévérencieux de M. de Rémusat.

Le vieux «cheval de renfort», soigneusement caché derrière l'épaisseur somptueuse de ses rideaux, — et de ses lunettes, avait vu passer les deux cent mille blouses qui venaient de voter pour la redingote du citoyen-député Barodet.

On avait eu peur !

La France, elle aussi, avait eu peur. — Et il y avait de quoi.

L'odeur âcre du pétrole des incendies de 1871 lui remontait au cerveau ; les spectres vengeurs de l'archevêque de Paris et du président Bonjean se dressaient, silencieux et accusateurs, par-dessus les pierres noircies du grand squelette des Tuileries ; — et le nom magique de Napoléon III se murmurait tout bas comme le nom d'un sauveur á jamais perdu.

Malheureusement il n'était plus lá ! — Paris,

la grande ville des ingratitudes et des défaillances, regardait instinctivement du côté de Boulogne. L'impatience d'une rentrée triomphale était partout dans l'air ; — l'heure solennelle de la réhabilitation et de la réparation avait hâte de sonner.

Mais, hélas ! trois mois auparavant, selon l'éloquente parole de Bossuet, avait retenti tout à coup, comme un éclat de tonnerre, ce cri d'épouvante et de terreur : — l'Empereur se meurt ! L'Empereur est mort !....

Chacun se rappelle encore cette mort inattendue ; — ce trouble immense qui envahit tous les esprits. C'est qu'un Napoléon ne meurt pas, même en exil, sans que la France et l'Europe en soient profondément émues.

Alors les plus lâches insultes de la République « athénienne » ricanèrent autour de cette tombe Impériale où venait de s'endormir, enfoui sous des couronnes de fleurs et d'immortelles, suprême hommage de la Patrie en deuil, le noble et magnanime vaincu de Sedan. Conformément aux plus pures traditions de 1793, les sans-culottes dont le 4 Septembre avait fait de grotesques célébrités, se mirent à ramper, comme d'immondes limaces, sur le granit qui recouvrait le 2 Décembre. — Ils se vengeaient en le salissant.

II

Déjà, — dès le lendemain de la défaite, de l'invasion et du démembrement de la France; — à la lueur même des incendies déshonorantes de la Commune, les mains encore souillées du sang de leurs assasinats, — les héros futurs et prochains du poteau de Satory et de Nouméa avaient poussé le même cri de triomphe : l'Empire est mort ! — Ils le répétèrent; et tous les échos de la presse républicaine multiplièrent à l'infini cette misérable exclamation.

Non ! l'Empire n'était pas mort; — et ils le savaient bien.

Nous, — les fidèles; nous qui n'avons jamais plus espéré qu'alors qu'on insultait davantage; — nous, qui avions sanctionné par des millions de voix l'immortalité de la Dynastie Napoléonienne, nous nous groupâmes, comme une armée, autour du jeune Prince que Dieu faisait l'héritier de l'Empire, et, dédaigneux de l'insulte et de la bassesse, la tête haute et le cœur fier, nous laissâmes tranquillement passer le nouvel orage.

On appelait notre Prince un enfant ; on affectait de lui refuser la santé et l'intelligence. — Que ne disait-on pas ?

Les années se succédèrent. L'insolente et besoigneuse cohorte des anciens émeutiers que le second Empire, durant vingt années, avait mis en disponibilité, se rua frénétiquement sur d'augustes souvenirs. L'épouvante les talonnait. Instinctivement ils flairaient l'odeur de la Nouvelle-Calédonie, où le ramassis de tous ceux qui n'avaient pas pu devenir millionnaires ou ministres les attendait avec une sourde rage. — Les caricatures les plus obscènes se placardaient sur les murs de Paris et des départements ; — l'épée, á jamais rouillée, d'un maréchal de France, n'avait pas le courage de sortir du fourreau pour lacérer, á la face du soleil qui avait salué Magenta et Solférino, ces infamies presque officielles ; — ils étaient presque autorisés á se croire absolument les maîtres.

Et, cependant, ils frissonnaient, même dans leur sommeil ; et le nom seul de cet enfant, qu'ils s'efforçaient de ridiculiser, terrorisait leur omnipotence.

De temps á autre, lorsque les journaux de Londres apportaient á la France, curieuse et attentive, quelques lignes d'éloges, de sympathies et de respects pour le Prince Impérial, qui grandissait au milieu de l'élite de l'armée anglaise, se préparant á de merveilleuses destinées, — la République se mettait bourgeoisement en colère. Les ventrus de l'opportunisme, devenus á la mode sur les trottoirs les plus huppés, parmi les Incroyables du jour, se fâchaient tout rouge de ce que l'on ne les laissá pas s'engraisser à leur aise ; — ils trouvaient irrévérencieux que la grande ombre Impériale se permit de les troubler, un seul instant, dans la laborieuse digestion de leurs turpitudes gouvernementales et de leurs rentes hyperboliques.

Cent fois ils avaient dit, imprimé, affiché que l'Empire était mort ; mais, nous le répétons, ils avaient toujours peur du mort — et, dans leur effarement, ils ne s'apercevaient pas que l'opinion publique se moquait d'eux, en les voyant ainsi recommencer à tuer, tous les matins, ce que la reconnaissance et la fidélité ressuscitaient ironiquement tous les jours.

III

Et l'enfant devint homme.

Les Aigles Impériales, qui s'étaient momentanément endormies aux quatre angles d'un illustre tombeau, dans la modeste Église de « Chislehurst » rouvrirent bientôt leurs ailes, et planèrent à de telles hauteurs, comme un symbole, sur la tête du jeune Empereur, que la France tout entière les aperçut de loin et ne les quitta plus du regard.

Toutes les espérances devenaient hâtivement des réalités : — Napoléon IV était prêt.

Une fois encore la Patrie pût entrevoir son salut et sourire à ses espérances, en songeant que l'heure approchait pour la restauration du gouvernement auquel incombait le fatidique honneur de faire de la *propreté nationale.*

Hélas! — les destinées que Dieu réserve á la France exigeaient,. sans doute, de nouvelles expiations. A l'heure même où d'universelles acclamations exaltaient le courage et les mâles vertus de ce jeune Prince, qui venait de tirer l'épée des Napoléons pour aller, á l'extrémité du vieux monde, défendre la civilisation contre la barbarie, — l'assagaïe d'un sauvage frappait inconsciemment au cœur toutes ces espérances et toutes ces vertus.

Le Prince Impérial était mort! — tué á l'ennemi, les armes á la main, regardant la mort en face, comme il convient á un soldat, —comme il convient á un héros.

Lâchement abandonné par ceux qui n'avaient pas voulu le sauver, il avait été misérablement massacré, presque á deux pas d'une armée de sept ou huit mille hommes, qui n'avait su trouver qu'une demi-douzaine de lâches pour lui composer une escorte et qui, le lendemain, s'ébranlait tout entiére, avec ostentation, pour fouiller les grandes herbes où gisait son cadavre.

Le vivant avait été traité comme le plus obscur des soldats; — le mort recevait les honneurs qu'on donne aux souverains!...

IV.

Le deuil, la douleur — et l'indignation sont encore d'hier : — Pourquoi donc en parler ici?

Nous rappellerons, seulement, les royales et imposantes funérailles qui ont salué, sur la terre hospitalière de l'exil, la dépouille à jamais glorieuse de l'Impérial élève de Woolwich. Sa Majesté la Reine d'Angleterre, devançant la justice de l'histoire, a déposé sur son cercueil, en présence de deux cent cinquante mille témoins, accourus de toutes parts, la couronne de lauriers réservée aux favoris de l'immortalité, et que sa bravoure et ses vertus avaient tant méritée.

Ce jour-là, la France et l'Angleterre ont su noblement répondre aux pitoyables attitudes des mesquineries et des terreurs républicaines; — le grand hommage d'un grand peuple a su royalement laver de lâches et ignobles insultes.

Une aussi magnifique, une aussi significative apothéose fit tressaillir le cœur de la France napoléonienne. La réparation était éclatante; la haine fut pitoyable.

Quel spectacle, en vérité! L'héritier de César, même après sa mort, froid et inanimé, couché désormais immobile sur sa gloire et sous ses couronnes, a de nouveau fait pâlir les héritiers du 4 Septembre. Et, bizarre rapprochement en même temps qu'instructif contraste, la voix majestueuse et guerrière de l'artillerie royale anglaise interprétait, á la face du monde, l'admiration universelle pour le fils de Napoléon III. á l'heure même où la troisième République française, cachant mal ses irréconciliables inquiétudes, tirait á toute volée des salves… de champagne dans les anciens jardins du duc de Morny, pour tâcher d'ennoblir, á raison de six francs par bouteille, la rôture débraillée du Barras de 1879.

Le moderne Alcibiade de la République « athénienne » des sommités de Belleville, — n'ayant pas de chien convenable á qui couper la queue, pour amuser les matinales oisivetés des fidèles sujets de Grévy-Périclès, — s'était mis á jeter deux cent mille francs par les aristocratiques fenêtres du Palais-Bourbon. Voulant, á tout prix, décrasser ses origines par trop plébéïennes et étourdir ses appréhensions, il venait de faire encadrer son présidentiel embonpoint, pour toute la durée d'une nuit vénitienne, dans les vieux Gobelins de nos Rois et de nos Empereurs. Entre un coucher et un lever de soleil, l'ex-professeur d'émeutes, devenu Sa Majesté Gambetta 1er, avait trôné, faute de mieux, sur un monceau de cigares et de pâtés truffés, — en attendant qu'elle pût se délasser de ses opportunistes grandeurs en s'asseyant dans l'historique fauteuil de Louis XIV.

Nous le redisons : — quel spectacle!

N'eût-on pas dit, en vérité, que les « pourritures » d'un second Directoire s'efforçaient de germer, comme de pâles champignons, sur les gloires attendues et prématurément ensevelies du troisième Empire ?...

V

Ainsi donc, la France, — la vraie France, pleurait et se recueillait, tandis que la France officielle et officieuse du 4 Septembre sablait le champagne et lorgnait, á bout portant, les plus merveilleux entrechats des danseuses de l'Opéra.

Le cri de guerre et de combat de tous ces parasites, s'efforçant de vivre sur cette nouvelle sépulture, se mit á retentir sous les voûtes de ce Palais-Bourbon, qui n'était plus qu'un cabaret, — et la phrase sacramentelle : l'Empire est mort! redevint la note dominante de tous les concerts républicains.

Et pourtant, on s'en souvient, l'Empire, d'après eux, était mort déjá bien des fois. Ils l'avaient tué au 4 Septembre ; retué le mieux possible le 9 janvier 1873 ; — mais, malgré cette double mort, tant et tant de fois garantie par l'Etat, ils s'empressaient de le tuer pour la troisième fois.

On le voit : — jamais mort n'avait eu autant d'éditions. — Est-il étonnant, après cela, que ces gens-là finissent, un jour ou l'autre, par se tuer eux-mêmes sans seulement avoir l'air de s'en apercevoir ?

Il est vrai d'ajouter que cette remarquable accumulation de décès ne semblait pas les rassurer outre mesure. Plus ils multipliaient les crêpes autour des Aigles Impériales ; plus ils bissaient en chœur leurs chansons mortuaires ; — plus ils prenaient de minutieuses et de dégoûtantes précautions pour que leur perpétuel certificat d'enterrement fût accepté comme parole d'Evangile.

Malheureusement pour toute cette collection de fortes têtes républicaines, — il ne suffisait pas de proclamer que l'Empire était mort ; il fallait aussi, et surtout, le prouver.

D'après les Constitutions impériales et le sénatus-consulte plébiscité en 1870, c'était le cousin de Napoléon III et de Napoléon IV qui devenait légalement héritier du trône, et sur la tête duquel, quand l'heure serait venue, devait reposer la couronne illustrée á Austerlitz et á Solférino.

Le prince Jérome NAPOLÉON s'appellera un jour NAPOLEON V.

Or, — voici ce que savent fort bien, et pour cause, tous les républicains, athéniens opportunistes ou radicaux traîneurs de groule : —

c'est que le Prince Jérôme NAPOLÉON n'est pas toujours d'humeur aimable et que *lorsqu'il veut*, IL VEUT BIEN.

Agé de cinquante-sept ans, doué d'une santé robuste et d'une énergie froide mais indomptable, il porte sur son beau visage le masque césarien de Napoléon Ier. D'une haute et exceptionnelle intelligence, esprit fin et délié, observateur habile des hommes et des choses, il a toujours été, quoi qu'on en ait pu dire, l'admirateur respectueux du génie militaire et administratif du grand Empereur. Pas plus que lui il n'aime les bavards, les rhéteurs et les théoriciens ; et son éloquence est parfois terrible, quand il lui arrive d'attaquer des abus et de démasquer des hypocrisies.

Lors des dernières années du Sénat impérial il lui advint, un jour, de faire retentir, pendant toute une séance, sous les voûtes du Luxembourg, cette fière et redoutable parole qui dominait si complétement la douce quiétude de l'optimiste Assemblée ; — et l'un des ministres, épouvanté, ne put s'empêcher de s'écrier : C'est Danton qui est á la tribune !

Marié á la fille de Victor-Emmanuel. — la princesse Clotilde, que le jugement de la France a déjá qualifiée de sainte, il se trouve ainsi allié, par cette noble fille de roi et d'archiduchesse, á toutes les familles royales et princiéres qui constituent le merveilleux blason de l'antique et illustre Maison de Savoie. De ce mariage sont nés trois enfants : une fille et deux fils, dont l'aîné, le Prince Victor, est aujourd'hui dans sa dix-huitième année, et promet amplement de ne pas faire déchoir la race prédestinée des Bonapartes.

Les républicains, panachés d'orléanisme, qui ont le fructueux avantage de présider á nos destinées intérieures et extérieures, depuis l'infamie de 1870, — savent, en outre, que le Prince Jérôme ne porte pas précisément dans son cœur les parlementaires et leur ridicule bagage ; et qu'il n'aura pas pour eux la main plus tendre que pour leur honorable clientèle de Belleville et de la Roquette. Le jour où il mettra cette main de fer á la gorge des aînés et des cadets de la Commune, il est plus que probable que la Commune rendra son dernier soupir.

Si l'Empereur Napoléon III a eu le tort immense d'oublier certaines insultes et d'y répondre par d'excessives bontés,— le Prince Jérôme saura se souvenir que, dans certaines circonstances, on ne défend pas avec de la sentimentalité ou de la grandeur d'âme, une société que menacent en permanence le pétrole et l'assassinat.

VI

Vis-à-vis d'un tel homme et d'un tel programme, — programme que la France honnête et sage a déjà et depuis longtemps formulé, — il est facile de comprendre que les détrousseurs incorrigibles de pouvoirs réguliers ne se sentent pas très à leur aise. Sur les registres de leurs pompes funèbres ils ont beau consigner et parapher des enterrements de première classe, ils ont sans cesse d'impérialistes cauchemars; et le nom des Bonapartes leur bourdonne dans les oreilles comme une marée montante.

Il faut leur rendre cette justice : — c'est que ces sinistres lutteurs n'ont pas perdu leur temps pour redescendre dans l'arène.

A peine l'épouvantable nouvelle parcourait-elle, à tire d'ailes, la vaste étendue de la France, que leurs honteuses invectives se mettaient aussitôt en branle, comme une armée de cloches, sonnant par ordre et à toute volée le glas définitif de l'Empire. Nouveaux Sysyphes, tous ces Basile, frottés de mensonges et de calomnies, recommencèrent à monter leur rocher sur le flanc de leur République, — cette poitrinaire étique qui n'a pas cessé de tousser et de cracher depuis qu'elle est au monde.

Quel métier !

Comprenant eux-mêmes que cette aride et triste besogne ne leur a jamais rapporté grand chose depuis qu'ils s'y salissent les mains et qu'ils y usent leurs ongles , --- ils payèrent encore une fois d'audace. Ils ne pouvaient plus dire ce qu'ils avaient dit naguère, profitant de l'exil : — C'est un enfant chétif et scrofuleux ; c'est un crétin, c'est un zéro ! Ils avaient devant eux la plus éclatante expression de la force virile et de l'intelligence ; — ils se trouvaient en face de Celui que l'on a été jusqu'à caractériser en disant : il a du génie! — Et cet héritier des Napoléons, inopinément désigné par Dieu, venait de se montrer au peuple de Paris, rendant avec lui un suprême hommage à l'héroïque valeur du Prince Impérial.

Le Peuple l'avait vu. — Le Peuple avait compris ; — le Peuple ne pouvait plus être trompé.

Que firent-ils ?

A leur cri ridicule et désormais puéril de — l'Empire est mort, ils ajoutèrent : — Il n'y a plus de Napoléon ! Le Prince JÉROME, à leur avis, n'existait plus pour les bonapartistes. Il était renié, dédaigné, méprisé deshérité. — C'était un Républicain.

Un Républicain !... un Napoléon, — le chef des Bonapartes, le futur Empereur!.... Mais, si c'est un républicain, pourquoi donc l'insultent-ils comme un Napoléon ?

Hélas ! — La République se soucie de la logique et du bon sens comme du reste. Ils continuèrent á affirmer que le parti bonapartiste, désormais décapité, sans croyances et sans direction, se débandait déjá et s'empressait, avide d'apostasie, d'aller tomber dans les bras de leur République, en acclamant Léon-le-Magnifique et en récitant humblement un *Confiteor*.

C'était édifiant! — Tout le monde allait suivre : — généraux et soldats : prêtres et magistrats ; Finance, Commerce, Industrie ; — ouvriers et paysans ! C'était une étreinte générale ; c'était un immense baiser ! — L'Empire n'était plus qu'une pincée de poussière, et Gambetta 1ᵉʳ, le saisissant du bout des doigts, allait magistralement en saupoudrer son décret d'investiture.

Quelle splendide métamorphose ! — La République « aimable », devant tant de caresses, baissait déjá les yeux et en avait de chastes palpitations.

Il fallut bientôt en rabattre.

VII

On essaya bien, dans quelques feuilles familières et complaisantes, de raconter discrètement, et perfidement, que certains généraux s'étaient amoureusement assis sur les genoux de la Dame et avaient tant soit peu chiffonné son beau bonnet phrygien ; — on parla bien, outre mesure, d'un député, jadis bonapartiste, qui avait plumé, comme une oie, son ancien manifeste électoral ; — on exploita, á pleines pages de gazettes, les inopportunes discussions que quelques personnalités en vue et par trop tapageuses alimentaient maladroitement dans leurs journaux ; .... Mais tous ces orages, qui devaient foudroyer l'Empire et pulvériser ses derniers partisans, ne commirent pas de gros dégâts.

Ce ne fut, comme toujours, qu'une bien petite tempête dans un grand verre d'eau.

Les généraux de notre armée ont, Dieu merci ! toute autre chose á faire que de défriser leurs moustaches en allant embrasser la République dans les cabinets particuliers... de M. le Président Grévy ; — et le vaillant, mais trop personnel rédacteur en chef du journal *le Pays* oubliera bien vite ses écarts de plume, pour ne plus se souvenir que des services qu'il a rendus et qu'il doit rendre encore á la Dynastie Napoléonienne.

On peut, on doit demander des garanties au gouvernement de la République quand, par hasard, on est pris de la bizarre envie de lui offrir son bras et de se promener publiquement avec elle ; — mais on ne doit pas, on ne peut pas demander des garanties á un Napoléon !

Est-ce qu'il y a deux manières de gouverner quand on a l'honneur et la gloire de s'appeler Napoléon ?

Allons donc !

Est-ce que les républicains ont le moindre doute — eux ! sur la manière de gouverner d'un Bonaparte ? Est-ce qu'ils n'ont pas appris, à leurs dépens, que l'Empire a toujours défendu ce qu'ils ont toujours attaqué : la Religion, l'Ordre public et la Propriété ? Est-ce qu'un Napoléon, quand il règne, n'est pas toujours prêt à sacrifier sa vie pour Dieu et pour la Patrie ? Quel est donc le descendant et le successeur du vainqueur de Wagram qui ne se montrerait pas au Peuple français, tenant dans une de ses mains le Concordat et le Code Civil, en saisissant de l'autre l'épée traditionnelle qui a toujours su *rassurer les bons et faire trembler les méchants ?...*

Non ! — cent fois non ! La France bonapartiste et impérialiste ne réclame pas, — n'exige pas de garanties. Elle se rappelle et elle espère.

Il n'est pas question ici de ceci ou de cela. Ce n'est pas l'heure de fureter, comme un brocanteur ou comme un collectionneur de curiosités, dans les anecdotes ou dans les bavardages plus ou moins authentiques, que l'hostilité de nos adversaires réédite actuellement, avec fracas, pour en faire un épouvantail et préparer des défections dont ils s'imaginent bénévolement pouvoir profiter.

Ce sont lá des piéges á moineaux.

Les Bonapartistes sincéres et dévoués ont mieux á faire qu'á se baisser pour ramasser toutes ces broutilles. Brumaire et Décembre leur en ont suffisamment appris pour qu'ils puissent aujourd'hui se moquer de quelques lignes écrites sur un bout de papier ou collées, vaille que vaille, sur un coin de muraille. Quand la République, faisant d'ailleurs son métier, leur crie á tue-tête que l'Empire est mort, — ils n'ont qu'á répondre par le cri de vive l'Empire ! Quand elle s'avise de dire qu'un Napoléon est un démagogue et un libre-penseur,— ils n'ont qu'á hausser les épaules.

Ils prétendent qu'il n'y a plus de Bonapartes et que l'Idée Napoléonienne a été tuée sous les yeux de l'armée anglaise, dans un recoin obscur du Zululand ; — levons-nous, et saluons l'héritier légitime de la grande Dynastie ; — apportons-lui le même cœur, le même dévouement, la même fidélité et la même foi que nous avions donnés á Napoléon III, que nous avions offerts á Napoléon IV ; — soyons toujours les mêmes soldats, combattons toujours les mêmes ennemis ; — groupons-nous, plus que jamais, autour de ce drapeau tricolore qui, lá-bas, de l'autre côté de la mer, recouvre de ses plis glorieux les tombeaux exilés de deux de nos Empereurs ; — ne discutons pas ; défendons-les, — défendons-nous !

VIII

Voilá les véritables garanties que la France conservatrice, la France de l'ordre, du travail et de la prospérité publique réclame au grand parti qui a toujours su la sauver, quand ses égarements, ses erreurs et ses ingratitudes la conduisent au bord de l'abîme. Et la base même, l'inébranlable base de ces garanties, c'est la confiance primordiale, absolue, inattaquée dans les Napoléons.

On est toujours très fort — on est invincible quand on est une armée et qu'on sait obéir á son chef. Les Constitutions Impériales ont désigné le chef : — la France Impérialiste a déjá obéi.

A quoi bon des programmes, — et pourquoi faire ?

En vérité, quel plus beau, quel plus rassurant, quel plus significatif programme politique, religieux et social peut donc demander un pays aussi profondément troublé que le nôtre — que ce nom de Napoléon? Comment! deux fois déjá ce nom, qui flamboie comme un phare de refuge

et de salut par-dessus les plus sombres épo-
ques de notre histoire révolutionnaire, a servi
de ralliement á la société française menacée de
mourir ! — deux fois ce nom a pu la sauver
au milieu des acclamations nationales, — et
l'on ose douter, et l'on ose parler de garanties,
et l'on prétend poser des conditions ! On va jusqu'á dire que la France bonapartiste songe á
marchander un Napoléon !...

Non ! non ! — La France qui était naguére en
pélerinage á Chislehurst n'a pas eu ces pensées.
Elle ne veut pas qu'on discute ainsi l'incontes-
table héritier d'un grand nom. Il lui suffit que
ce nom terrorise, par avance, tous ces agitateurs
patentés qui pillent périodiquement et cynique-
ment le pouvoir : — qui battent audacieusement
monnaie avec les désastres et les défaites de
l'honneur national ; — qui font effrontément ga-
loper l'élite de notre cavalerie á la portiére de
leurs voitures, aprés avoir passé les trois quarts
de leur vie de besoigneuse et irréconciliable op-
position, á insulter les drapeaux de nos armées.

IX

Des escortes !...

Eh bien, — soit ! Mais, du moins, qu'on aille
donc les chercher du côté de la rue du Haxo.
On s'y trouvera en plein pays de connaissance

et l'on pourra, tant qu'on vous voudra, — *tant qu'il plaira* aux égorgeurs du général Lecomte et de Clément Thomas, pasticher les anciens Proconsuls de Rome, alourdis par la graisse de la décadence, et *éborgner* de son luxe speudo-militaire les gobe-mouches de l'opportunisme en calèche découverte.

Mais, — de quel droit dérange-t-on nos dragons et nos cuirassiers? Sur quels champs de bataille, devant quelle émeute radicale, au prix de quelles blessures reçues devant l'ennemi a-t-on gagné ce glorieux privilége d'avoir pour gardes-du-corps tout un escadron en grand uniforme? Sur la poitrine de ces officiers, qui caracolent, par ordre, devant votre personne, il y a la croix d'honneur : — Où donc est la vôtre?

Comment! — tous ces honneurs sont aujourd'hui pour eux! Ces piaffements de chevaux lancés au galop ; ces casques et ces cuirasses étincelant au soleil ; ces cliquetis sonores de sabres et d'épées illustrés par la gloire aux champs désormais légendaires de Reischoffen, et résonnant dans leurs fourreaux d'acier ; — ces épaulettes d'or et d'argent, et ces noires crinières flottant au vent, —tout cela leur appartient! Ils peuvent, ils osent s'en servir!...

Ils n'entendent donc pas, — sur leur passage, les sourdes protestations et les colères contenues qui commencent à gronder au fond des cœurs et au fond des consciences ! Ils ne comprennent donc pas qu'ils insultent á toutes les annales de ces fiers régiments, dont ils ont confisqué les Aigles, sans savoir encore, aprés tant de tristes années, par quoi les remplacer !...

Et l'on voudrait nous faire croire qu'un Bonaparte ait pu, un seul instant, être l'approbateur tacite et l'impassible témoin de ces mascarades et de ces indécences qui font rire aux éclats, de l'autre côté du Rhin, ceux qui nous ont vaincus et démembrés !... On voudrait que Celui qui s'appelle JÉROME NAPOLÉON fût tenu de parler pour prouver qu'il frétrit toutes ces impudences, toutes ces fanfaronnades, tous ces orgueils et toutes ces nullités !...

Mais, — c'est insensé !

On oublie, sans doute — quand on pousse á ce point l'exigence et le manque de respect ; quand on violente ainsi la raison et le bon sens publics, — qu'un Napoléon ne peut et ne doit parler que lorsqu'il a le droit d'agir ; — qu'un Napoléon n'a qu'un seul moyen de flétrir de telles monstruosités ; — c'est de les bousculer.

Peut-il agir ?

Le Prince JÉROME NAPOLÉON peut-il monter á cheval et faire la seule chose qui convienne á un Bonaparte en renvoyant les avocats plaider des procés á la Cour d'assises, et en ramenant

autour du drapeau de la France les escadrons
dont ces Messieurs font un si drôle usage,
lorsqu'ils ont l'audace de se faire présenter les
armes par une armée de trente mille hommes?...

Peut-il, du bout de son épée, montrer à la
France les Constitutions Impériales et lui dicter
ainsi ce qu'elle doit penser et ce qu'elle doit faire
des Constitutions républicaines?

Peut-il, en un mot, — saisissant dans ses mains
Impériales le nom des Napoléons, le replacer
solennellement, comme la vraie signature du
Peuple, au-dessous des Plébiscites que le
4 Septembre a scandaleusement et lâchement
déchirés?...

Peut-il faire tout cela immédiatement, dès
demain, dès aujourd'hui? — La France le lui
a-t-elle commandé?

Non! — Il ne le peut pas.

Quand l'heure aura sonné ; — quand la
France, soucieuse de sa grandeur, de sa dignité
et de son avenir, se débarrassant enfin, d'un
seul coup d'épaule, des hontes et des avilisse-
ments que lui a légués l'infamie de 1870, se
rappellera qu'il existe encore des Bonapartes.
— le Prince se lèvera et le Prince répondra.

Et qui donc, — parmi ceux qui se disent
bonapartistes, qui donc peut et doit douter que

cette réponse soit alors l'éclatante expression du sentiment national et de la politique napoléonienne?

On ne discute pas Dieu quand on est catholique; — on ne discute pas un Bonaparte quand on prétend servir et défendre les Napoléons!

La Parole est désormais á la France, — elle n'est á personne autre. C'est elle qui commande: c'est seulement á elle que les Napoléons obéissent.

D'ici lá, le Prince JÉROME doit se taire : Il se tait; — et il fait bien!

X

Oui ! — Il suffit de cela pour que les vrais serviteurs de l'Empire se déclarent pleinement satisfaits et ne s'attardent pas á affirmer leur dévouement, en paraissant douter de Celui qui a hérité de tous ces devoirs en héritant d'un si grand nom et d'une aussi glorieuse couronne.

Oui ! — le Prince a ses destinées toutes tracées.

Que lui importe donc toutes les déclamations intéressées qui bourdonnent actuellement autour de son Auguste personne et qui surgissent autour de sa nouvelle situation. La foudre qui s'essaie á frapper le bronze n'a jamais pu l'entamer ; — les insultes républicaines, qui sont loin de ressembler á la foudre, n'ont jamais eu la puissance de faire même une égratignure aux grandes et impérissables traditions napoléoniennes. L'impiété et l'athéïsme sont des taches inconnues pour le manteau de pourpre et d'hermine, parsemé d'abeilles d'or, que des millions de suffrages ont déjá moralement placé sur les épaules impériales du Prince JÉROME NAPOLÉON. — Qui donc, á l'heure qu'il est, a le droit d'effacer, soit par une parole, soit par un coup de plume, la confiance que la France des solennels plébiscites a transmise, par voie d'hérédité, á Celui qui se trouve aujourd'hui le premier des Bonapartes ?

C'est Dieu et le Peuple qui font les Empereurs. — Or, Dieu et le Peuple ont déjá parlé.

Silence donc á ceux qui croient et á ceux qui veulent fidèlement servir !

Silence ! — et honneur á Celui qui vient d'accepter la lourde mais providentielle mission de ramener sur les bords de la Seine, au milieu du Peuple français si sincèrement aimé, les cendres immortelles que nous garde la royale hospitalité de l'Angleterre ! — Honneur et respect á Celui qui doit désormais panser et guérir les plaies de la Patrie !

La Gironde napoléonienne a toujours été la première à saluer les Empereurs de la France bonapartiste : — elle salue aujourd'hui celui que Dieu a choisi pour qu'il soit un jour NAPOLÉON V.

J. COIGNET.

Bordeaux, 2 Août 1879.

Bordeaux. — Imp. Saint-Joseph, P.-M. Soriano, 40, rue des Menuts.